BEI GRIN MACHT SICH IHR WISSEN BEZAHLT

- Wir veröffentlichen Ihre Hausarbeit,
  Bachelor- und Masterarbeit

- Ihr eigenes eBook und Buch -
  weltweit in allen wichtigen Shops

- Verdienen Sie an jedem Verkauf

Jetzt bei www.GRIN.com hochladen und kostenlos publizieren

Bibliografische Information der Deutschen Nationalbibliothek:

Die Deutsche Bibliothek verzeichnet diese Publikation in der Deutschen National-
bibliografie; detaillierte bibliografische Daten sind im Internet über http://dnb.d-
nb.de/ abrufbar.

Impressum:

Copyright © 2016 GRIN Verlag
Druck und Bindung: Books on Demand GmbH, Norderstedt Germany
ISBN: 9783668974548

Dieses Buch bei GRIN:

https://www.grin.com/document/489918

Philipp Durillo Quiros

Die Vereinbarkeit des Familienwahlrechts mit dem Grundgesetz

GRIN Verlag

GRIN - Your knowledge has value

Der GRIN Verlag publiziert seit 1998 wissenschaftliche Arbeiten von Studenten, Hochschullehrern und anderen Akademikern als eBook und gedrucktes Buch. Die Verlagswebsite www.grin.com ist die ideale Plattform zur Veröffentlichung von Hausarbeiten, Abschlussarbeiten, wissenschaftlichen Aufsätzen, Dissertationen und Fachbüchern.

Besuchen Sie uns im Internet:

http://www.grin.com/

http://www.facebook.com/grincom

http://www.twitter.com/grin_com

Hausarbeit im Staatsrecht für das Beifach Öffentliches Recht (Modul BOeR 1)

Name: Philipp Durillo Quiros

Datum: 14.02.2016

I. Inhalt

In einer Aufgabenstellung strebt ein Arbeitskreis die Anfechtung einer bereits beschlossenen Einführung des Familienwahlrechts an.

Frage 1: Wozu würden Sie dem Arbeitskreis raten?

Der Arbeitskreis könnte nach Art. 93 I Nr. 2 GG eine abstrakte Normenkontrolle anstreben. Dies wäre das einzige Verfahren, bei dem der Arbeitskreis vor dem Bundesverfassungsgericht die Einführung des Familienwahlrechts verhindern könnte.

Der Antrag hätte Aussicht auf Erfolg, wenn er zulässig und begründet wäre.

A. Zulässigkeit

Zunächst ist die Zulässigkeit des möglichen Antrags zu prüfen. Diese wäre bei korrekter formaler Ausarbeitung gegeben, wenn eine Antragsberechtigung, ein tauglicher Prüfungsgegenstand, ein objektives Klarstellungsinteresse und ein triftiger Antragsgrund vorliegen würden.

I. Zuständigkeit des Bundesverfassungsgericht

Die Zuständigkeit des Bundesverfassungsgerichts ergibt sich aus § 13 Nr. 6 BVerfGG.

II. Antragsberechtigung

Der Arbeitskreis setzt sich aus insgesamt 159 Bundestags-Abgeordneten zusammen. Inklusive der 32 Überhangmandate besteht der Bundestag folglich aus 630 Mitgliedern. Somit macht der Arbeitskreis exakt 25 Prozent des gesamten Bundestages aus. Damit ist der Arbeitskreis nach § 76 I BVerfGG antragsberechtigt.

III. Prüfungsgegenstand

Beim zu prüfenden Gegenstand handelt es sich um die geplante Änderung des Bundeswahlgesetzes. Damit erfüllt es die Vorgaben aus §§ 13 Nr. 6, 76 I BVerfGG, wonach sämtliche Rechtsnormen bei einer abstrakten Normenkontrolle in Frage kommen. Ferner darf das Gesetz noch nicht in Kraft getreten sein. Das Gesetz ist laut Sachverhalt bereits vom Bundespräsidenten ausgefertigt und im Bundesgesetzblatt verkündet worden. Da sich der Arbeitskreis jedoch „unmittelbar im Anschluss" zusammenschloss, ist davon auszugehen, dass nach Art. 82 II GG noch keine zwei Wochen bis zum Inkrafttreten des Gesetzes verstrichen sind. Damit ist das zu prüfende Familienwahlrecht ein tauglicher Prüfungsgegenstand.

IV. Objektives Klarstellungsinteresse

Da es sich um ein objektives Beanstandungsverfahren handelt, ist nach ständiger Rechtsprechung als weitere Zulässigkeitsvoraussetzung ein Klarstellungsinteresse des Antragsstellers erforderlich. Ein solches ergibt sich aus der Antragsbefugnis.

V. Antragsgrund

Beim Antragsgrund sind vom Gesetzgeber aus zwei verschiedene Möglichkeiten festgeschrieben. Die erste Möglichkeit ergibt sich aus Art. 93 I Nr. 2 GG, in der die Hürde, wonach ein valider Antragsgrund vorliegen muss, durch die Zweifel an formeller oder materieller Verfassungsmäßigkeit des Gesetzes etwas geringer ausfällt als bei der zweiten Möglichkeit. Diese ist in § 76 I Nr. 1 BVerfGG festgehalten und setzt voraus, dass der Antragssteller von der Nichtigkeit eines Gesetzes überzeugt sein muss. Laut Sachverhalt möchte der Arbeitskreis eben diese Nichtigkeit des Gesetzes vom Bundesverfassungsgericht festgestellt wissen. Somit ist die Voraussetzung des § 76 I Nr. 1 BVerfGG erfüllt. Folglich ist ein valider Antragsgrund gegeben.

VI. Form

Der Antrag muss gemäß § 23 I BVerfGG schriftlich erfolgen und mit einer Begründung versehen sein. Es ist davon auszugehen, dass der Arbeitskreis dies ordnungsgemäß abwickelt.

VII. Ergebnis

Ein Antrag des Arbeitskreises wäre zulässig.

B. Begründetheit

Der Antrag wäre begründet, wenn das zu überprüfende Familienwahlrecht in formeller oder in materieller Hinsicht nicht mit dem Grundgesetz vereinbar wäre.

I. Formelle Verfassungsmäßigkeit

Das Familienwahlrecht wäre formell verfassungsmäßig, wenn die Gesetzgebungskompetenz beim Bund liegen würde und das Verfahren der Gesetzgebung ordnungsgemäß ablaufen würde.

1. Gesetzgebungskompetenz

Dass die Gesetzgebungskompetenz für das Bundeswahlgesetz beim Bunde liegt, wird zwar nicht ausdrücklich in den Artikel 70-74 GG geregelt, ergibt sich aber aus Art. 38 III GG unter der Voraussetzung der Art. 30, 70 I GG. Der Bund hat hier folglich die ausschließliche Gesetzgebungskompetenz.

2. Gesetzgebungsverfahren

Das Gesetzgebungsverfahren wäre bei korrekter Ausfertigung durch den Bundespräsidenten und Bundesregierung und Verkündung im Bundesgesetzblatt erfolgreich, wenn die Gesetzesinitiative auf die richtige Art und Weise in den Bundestag eingebracht wurde, der Bundestag mit Mehrheit das Gesetz beschließen und der Bundesrat einen Einspruch verweigern respektive seine Zustimmung zum Gesetz bekennen würde .

a) Einleitungsverfahren: Gesetzesinitiative

In Art. 76 I GG ist festgelegt, dass eine entsprechende Gesetzesinitiative durch die Bundesregierung, der Mitte des Bundestages oder dem Bundesrat in den Bundestag eingebracht werden kann. Letzteres ist laut Sachverhalt deutlich nicht der Fall. Auch die Bundesregierung verfolgt eine Gesetzesinitiative aufgrund „verfassungsrechtlicher Bedenken" nicht weiter. Dadurch, dass Dr. A, Prof. B und Gräfin C 27 weitere Abgeordnete um sich scharen, kommt die Gesetzesinitiative somit aus der Mitte des Bundestages. Dieser Fall ist in § 76 I GOBT näher geregelt. Insgesamt bringen den Gesetzesentwurf 30 Abgeordnete ein. Es kann jedoch nicht davon ausgegangen werden - da im Sachverhalt nicht ausdrücklich erwähnt - dass die Abgeordneten einer Fraktion angehören oder diese vollständig repräsentieren. 30 Mitglieder machen vom 630 Mitglieder fassenden Bundestag insgesamt „nur" rund 4,7 Prozent aus. Um eine Gesetzesinitiative einzubringen, benötigt man aber mindestens fünf Prozent der Stimmen. Daher wären die Abgeordneten um Dr. A, Prof. B und Gräfin C nicht berechtigt gewesen, eine entsprechende Gesetzesinitiative im Bundestag einzubringen. Es hätten mindestens 32 Abgeordnete sein müssen, die den Gesetzesentwurf einbringen, um die erforderlichen fünf Prozent Stimmenanteil zu erreichen.

aa) Ergebnis

Das Gesetz ist formell verfassungswidrig und damit nichtig. Das mögliche Verfahren einer abstrakten Normenkontrolle hätte daher gute Aussichten auf Erfolg. Eine weitere Prüfung erfolgt in hilfsgutachterlicher Form.

Hilfsgutachten

b) Hauptverfahren: Beschlussfassung durch den Bundestag und Beteiligung des Bundesrats

Im Hauptverfahren der Gesetzgebung hätte das Gesetz eine hohe Chance auf ein Zustandekommen, wenn der Bundestag das Gesetz korrekt und rechtmäßig beschließen und der Bundesrat selbiges ebenfalls absegnen würde.

aa) Gesetzesbeschluss des Bundestages

Das Gesetz wäre seitens des Bundestages korrekt beschlossen, wenn der Bundestag überhaupt beschlussfähig gewesen wäre und der Gesetzesbeschluss schließlich im Bundestag durchgesetzt werden kann. Dies ist in Art. 77, 78 GG sowie in §§ 78 ff. GOBT festgelegt.

aaa) Beschlussfähigkeit des Bundestages

Gemäß § 45 I GOBT ist der Bundestag beschlussfähig, wenn mehr als die Hälfte der Mitglieder anwesend sind. Dies war laut Sachverhalt mit insgesamt 240 von möglichen 630 Mitgliedern deutlich nicht der Fall. Hier hätten die Mitglieder des Arbeitskreises von ihrem Einspruchsrecht nach § 45 II GOBT Gebrauch machen müssen, um die Beschlussunfähigkeit des Bundestages feststellen zu lassen, was jedoch innerhalb des Bundestages als äußerst unfein gilt[1]. Dies haben sie laut Sachverhalt jedoch nicht getan. Da die fehlende Beschlussfähigkeit zu Sitzungsbeginn nicht gerügt wurde, war der Bundestag damit trotz zu weniger anwesender Bundestagsmitglieder de lege befugt, das Gesetz zu beschließen. Somit hat der Arbeitskreis-Vorsitzende in seiner Argumentation zwar Recht, hätte es jedoch mit einer öffentlichen Bezweiflung der Beschlussfähigkeit auch geltend machen müssen. Eine nachträgliche Rüge ist nicht möglich.

bbb) Gesetzesbeschluss

Das Gesetz wäre nach § 86 GOBT im Sinne von Art. 77 I GG und Art. 42 II GG beschlossen, wenn die Mehrheit der abgegebenen Stimmen nach der dritten Lesung für das Gesetz stimmen würde. Die dritte Lesung kann, entgegen der Annahme des Arbeitskreis-Vorsitzenden, auch

---

[1] Dies erklärte Prof. Dr. Volker Haug in der Beifach-Vorlesung „Staatsrecht" an der Uni Mannheim, konkrete literarische Belege konnte der Autor jedoch nicht finden.

4

unmittelbar nach der zweiten Lesung stattfinden, vorausgesetzt in dieser hätte es keine erfolgreichen Änderungsanträge zum Gesetz mehr gegeben[2]. Da im Sachverhalt nicht anders beschrieben, ist von diesem Umstand auszugehen. Hier lag der Arbeitskreis-Vorsitzende mit seiner Erwartung, dass die dritte Lesung „später" stattfinden würde, schlichtweg falsch. Entweder kannte er die entsprechende Norm (§ 84a GOBT) nicht oder hatte darauf spekuliert, dass jemand anderes in der zweiten Lesung einen Änderungsantrag zum Gesetz stellt. Dann wäre die dritte Lesung gemäß § 84b GOBT zwei Tage nach Verteilung der Drucksache erfolgt. Dieses naive Handeln wäre einem Bundestagsabgeordneten jedoch eigentlich nicht zuzutrauen. Das Gesetz wurde vom Bundestag mit 80 Ja-Stimmen, 60 Nein-Stimmen und 100 Enthaltungen beschlossen, also mit einer „einfachen Mehrheit"[3] beschlossen. Entgegen der Meinung des Arbeitskreis-Vorsitzenden sind die Enthaltungen hier nicht als „Verweigerung der Zustimmung" zu werten, sondern werden bei der Auszählung der Stimmen nicht mitgezählt[4]. Damit liegt ein rechtmäßiger Gesetzesbeschluss vor.

bb) Beteiligung des Bundesrates und Zustandekommen des Gesetzes
Im nächsten Schritt muss das Gesetz nun dem Bundesrat zugeleitet werden, der je nachdem ob ein Einspruchs- oder Zustimmungsgesetz vorliegt, darüber entscheiden kann, ob das Gesetz zustande kommt oder nicht.

aaa) Unterscheidung von Einspruchs- und Zustimmungsgesetz
Da im Grundgesetz in der betreffenden Vorschrift (Art. 38 GG) nicht explizit angeordnet wird, dass der Bundesrat dem Gesetz zustimmen muss, handelt es sich bei dem Familienwahlrecht um ein Einspruchsgesetz.

bbb) Verfahren vor dem Bundesrat
Nach dem Gesetzesentwurf des Bundestages muss das Gesetz gemäß Art. 77 I GG dem Bundesrat zugeleitet werden.

(1) Zustimmung des Bundesrats
Der Bundesrat macht gemäß Art. 77 IIa GG von seinem Zustimmungsrecht Gebrauch. Das Verfahren wäre erfolgreich, wenn die Mehrheit der 69 Bundesrats-Mitglieder für das Gesetz - also mit Ja -stimmen würde. Dieses fällt mit 35 Ja-Stimmen ganz knapp zugunsten des Gesetzes aus. Da es sich hier jedoch nicht um ein Zustimmungsgesetz, sondern um ein Einspruchsgesetz handelt, war eine Abstimmung über das Gesetz seitens des Bundesrats überflüssig.

---

[2] Und damit keine Änderung der Drucksache vgl. *Haug,* Öffentliches Recht, S. 116.
[3] *Meier,* Die Mehrheit, Zur Geschäftsordnung 2011,157 ff.
[4] *Gröpl,* in: Gröpl, von Coelln, Windthorst, GG, Art. 42 S. 508 f.

(2) Nichteinlegung des Einspruchs innerhalb der Frist des Art. 77 III GG

Da im Sachverhalt nicht anders beschrieben, ist davon auszugehen, dass der Bundesrat keinerlei Einspruch erhebt. Dies geht auch aus dem positiven Ergebnis der eigentlich unnötigen Abstimmung hervor.

(3) Ergebnis

Damit ist das Gesetz nach den Bestimmungen des Art. 78 GG zustande gekommen.

c) Ausfertigung und Verkündung

Das Abschlussverfahren bei der Gesetzgebung beinhaltet die Gegenzeichnung durch die Bundesregierung gemäß Art. 58 GG sowie deren Ausfertigung durch den Bundespräsidenten nach Art. 82 I GG.

aa) Gegenzeichnung durch die Bundesregierung

Die im Sachverhalt beschriebene Gegenzeichnung durch die Bundesregierung erfüllt die Voraussetzungen des Art. 58 GG.

bb) Ausfertigung und Verkündung im Bundesgesetzblatt

Dem Bundespräsidenten steht bei der Ausfertigung des Gesetzes kein politisches, in extrem krassen Fällen ein materielles und prinzipiell ein formelles Prüfungsrecht zu[5]. Da dem Gesetz jedoch ein klarer Verstoß gegen § 76 I GOBT (siehe hierzu 2a: Gesetzesinitiative) und damit eine formelle Verfassungswidrigkeit vorausging, hätte der Bundespräsident die Ausfertigung des Bundeswahl-Änderungsgesetzes verweigern müssen. Die von ihm im Sachverhalt geäußerte Vermutung, das Verfahren wäre „ordnungsgemäß durchlaufen und abgeschlossen" worden, ist falsch. Durch diese fälschliche Ausfertigung des Bundespräsidenten und dadurch folgende Ausfertigung im Bundesgesetzblatt besteht eine weitere formelle Verfassungswidrigkeit.

d) Gesamtergebnis

Die Einführung des Familienwahlrechts ist durch die falsch zustande gekommene Gesetzesinitiative, der überflüssigen Abstimmung im Bundesrat und der fälschlichen Ausfertigung durch den Bundespräsidenten formell verfassungswidrig und damit nichtig. Eine weitere Prüfung der materiellen Verfassungsmäßigkeit des Gesetzes erfolgt daher erneut in hilfsgutachterlicher Form.

II. Materielle Verfassungsmäßigkeit

Die Einführung des Familienwahlrechts wäre materiell verfassungsmäßig, wenn es in seinen Inhalten mit dem Grundgesetz und den grundlegenden Staatsstrukturprinzipien in Art. 20

---

[5] *Haug*, Öffentliches Recht, S. 100.

respektive Art. 79 III (sog. Ewigkeitsgarantie) vereinbar wäre.

Hierfür müsste der entsprechende Passus aus Art. 38 II GG, wonach man erst ab dem Alter von 18 Jahren wahlberechtigt ist, aus der Verfassung gestrichen werden und das Bundeswahlgesetz nach Art. 38 III GG entsprechend an diese veränderte Situation angepasst werden. In Frage käme unter anderem die Einführung eines treuhänderischen Wahlrechts, wonach Minderjährige zwar wahlberechtigt sind, das Wahlrecht per se jedoch von den Eltern oder den Sorgeberechtigten ausgeführt wird[6].

Hintergründe für die Initiative von politischen Akteuren, sich mit einer möglichen Einführung des Familienwahlrechts überhaupt erst einmal zu beschäftigen, liegen in der immer älter werdenden Bevölkerung begründet[7]. Allein in den letzten zwei Jahrzehnten ist das Durchschnittsalter um rund vier Jahre gestiegen[8]. Dies hat zur Folge, dass es immer mehr Rentner gibt und weniger Familien an sich. Eine Möglichkeit, seitens des Gesetzgebers diesem Trend entgegenzuwirken, wäre es Bedingungen zu schaffen, die eine Familiengründung fördern[9]. Obgleich die Stellung der Familie in Art. 6 I und II GG bereits herausgehoben ist, herrschen in der Bundesrepublik immer noch Hürden finanzieller oder politisch-sozialer Natur für Familien, die damit in deutlichem Nachteil gegenüber gewollt oder ungewollt Kinderlosen stehen. Dies äußert sich zum Beispiel in der Tatsache, dass während Familien mit Kindern durch ihre Erziehungsleistung einen generativen Beitrag zur Funktionsfähigkeit des Sozialversicherungssystems leisten[10], tun dies Kinderlose nicht und können dadurch privat für ihr Alter vorsorgen[11]. Des Weiteren kann in der meist auf kurzfristige (Wahl-)Erfolge ausgerichteten Politik keine langfristigen Reformen, die zur Verbesserung der familiären Verhältnisse beitragen könnten, durchgesetzt werden, zumal die Interessen von älteren Menschen durch den demographischen Wandel ein immer größeres Gewicht haben[12]. Damit jedoch die Interessen der Familien gewahrt werden können, würde eine Einführung des Familienwahlrechts aus Befürworter-Sicht Sinn machen. Keinen Sinn macht es jedoch, wenn es dazu benutzt werden würde, um der „Überfremdung wirksam zu begegnen", wie es die im störrischen Freistaat B regierende C1-Partei gerne hätte. Dies hat

---

[6] BTag 16/9868 vom 27. Juni 2008.
[7] *Statistisches Bundesamt*, Bevölkerung - Entwicklung der Einwohnerzahl von Deutschland von 1990 bis 2014 (in Millionen). Abgerufen von <http://de.statista.com/statistik/daten/studie/2861/umfrage/entwicklung-der-gesamtbevoelkerung-deutschlands/> (02.02.2016)
[8] *Deutsche Presse-Agentur*: Durchschnittsalter jetzt 44 Jahre, in: Frankfurter Allgemeine Zeitung vom 08.12.2015 (abgerufen am 06.02.2016 von http://www.faz.net/aktuell/wirtschaft/bundesinstitut-fuer-bevoelkerungsforschung-durchschnittsalter-in-deutschland-jetzt-44-jahre-13955037.html)
[9] *Quintern*, Das Familienwahlrecht, S. 20.
[10] BVerfGE 103, 242 abgerufen von http://www.servat.unibe.ch/dfr/bv103242.html (06.02.2016)
[11] *Quintern*, Das Familienwahlrecht, S. 19.
[12] *Quintern*, Das Familienwahlrecht, S. 20.

mehr als nur unterschwellig einen rassistischen, fremdenfeindlichen Charakter und würde die Familien vor allem auf ihre Produktivität reduzieren und menschliche, soziale und emotionale Komponenten missachten – was einen krassen Verstoß gegen Art. 1 I GG oder Art. 3 III GG darstellen würde. Weitere politische Bewegungsgründe für Befürworter des Familienwahlrechts wären zum einen der vermeintlich unrechtmäßige Ausschluss von knapp 16 Prozent der aktuellen deutschen Bevölkerung[13] nur aufgrund ihres Alters oder der Tatsache, dass das Wahlrecht im Laufe der Zeit bereits immer wieder an die Umstände in der Gesellschaft angepasst wurde[14]. Des Weiteren müsste der im Sachverhalt neu geschaffene §14 BWahlG mit den in Art. 38 I GG festgehaltenen Wahlrechtsgrundsätzen einer allgemeinen, unmittelbaren, freien, gleichen und geheimen Wahl konform sein. Das soll nun im Folgenden argumentativ untersucht werden.

Der **Allgemeinheitsgrundsatz einer Wahl** ist eine Ausprägung des in Art. 3 I GG verankerten Gleichheitsprinzips und wird nur durch Art. 38 II GG beschränkt. So dürfen Minderjährige nicht wählen und sich auch nicht vertreten lassen. Allerdings hat hier der Gesetzgeber diese Bevölkerungsgruppe bewusst von der Allgemeinheit ausgenommen. Damit werden Minderjährige auch nicht in ihren Rechten verletzt[15], obwohl sie fast ein Fünftel der deutschen Bevölkerung ausmachen.

Die **Unmittelbarkeit der Wahl** definiert sich hauptsächlich dadurch, dass man höchstpersönlich den Akt der Wahl vornehmen kann und nicht noch gewisse Gremien zwischengeschaltet sind. Befürworter des Familienwahlrechts argumentieren hier, dass wenn Eltern für ihre Kinder das Wahlrecht treuhänderisch ausüben würden, nur der Träger der Willensentscheidung verlagert wird, nicht aber noch weitere Dritte die Wahl beeinflussen. Allerdings kann man hier entgegenhalten, dass es letzten Endes doch immer darauf ankommt, ob die Eltern auch genauso abstimmen, wie ihre Kinder es ihnen mit auf den Weg gegeben haben. Dies ist allerdings nicht nachprüfbar, da dies gegen die Geheimheit der Wahl (siehe unten) verstoßen würde.

Ähnlich verhält es sich beim Grundsatz der **Freiheit der Wahl**. Diese soll gewährleisten, dass jeder Wählende seine Wahlentscheidung ohne Zwang, Druck oder massive Beeinflussung

---

[13] *Statistisches Bundesamt*, Anzahl der minderjährigen Kinder in Familien in Deutschland von 2000 bis 2014 (in 1.000). Abgerufen von <http://de.statista.com/statistik/daten/studie/197783/umfrage/minderjaehrige-kinder-in-deutschland/> (02.02.2016).
[14] Vgl. BTag 6/3395 vom 8. Juni 1972: So wurde 1972 beispielsweise das Wahlrecht von 21 auf 18 Jahre herabgesetzt, in einigen Bundesländern wie Bremen darf man auf kommunaler oder Landesebene bereits ab 16 wählen.
[15] *Otto*, JSE 2015, 245.

fällen kann[16]. Da jedoch die Eltern als letzte Instanz beim Wahlvorgang für sich entscheiden können, ob sie die Entscheidung der Kinder auch als verbindlich erachten. Damit wird die Wahlfreiheit bereits in hohem Maße beschnitten, was auch nicht in gegenteiliger Weise verfassungsrechtlich zu begründen wäre[17], auch wenn Befürworter des Familienwahlrechts dagegen halten, dass die Wahlfreiheit durch das in Art. 6 I und II GG verfassungsrechtlich festgehaltene Elternrecht legitimiert sei.

Die **Gleichheit der Wahl** bedeutet - wie es der Name schon vermuten lässt - dass jede Stimme gleich viel zählt und auch der Erfolgswert bei abgegebenen Stimmen identisch ist. Sieht man die Stimme der Eltern und der Kinder getrennt an, ist diese Voraussetzung auch gegeben. Allerdings fungieren Eltern beim Familienwahlrecht als Träger der Stimmen des Kindes[18], weswegen ihre Stimmen einen höheren Wert haben als die von Kinderlosen. Dies hat auch das Bundesverfassungsgericht bereits als verfassungswidrig gegenüber Art. 38 I GG konstatiert, da sonst ein Rückfall in vergangene Zeiten stattfinden würde, in denen die Stimmen von einzelnen Bürgern höheres Gewicht hatten als andere[19].

Ebenso wie die Unmittelbarkeit der Wahl ist beim Grundsatz der **Geheimheit der Wahl** die Höchstpersönlichkeit bei der Stimmabgabe von eminenter Bedeutung. Wie man abstimmt, darf weder dem Staat noch weiteren Dritten zugänglich sein. Die Stellvertretung durch die Eltern könnte jedoch nur vorgenommen werden, wenn sie die Wahlentscheidung ihrer Kinder kennen. Dies ist für das Familienwahlrecht also elementar, weswegen nun die heikle Frage geklärt werden muss, ob Eltern gegenüber ihren Kindern als „Dritte" anzusehen sind. Nach strikter Auslegung wären Eltern eben nicht dieselbe Person wie ihre Kinder, allerdings könnten sie nach etwas weiterer und teleologischer Auslegung auch der Sphäre ihres Kindes zugeordnet werden. Ferner kann man als Befürworter des Familienwahlrechts argumentieren, dass die Geheimheit der Wahl bereits durch die Möglichkeit der Briefwahl aufgelockert wurde[20].

Aus den eben genannten Gründen besteht demnach kein zwingendes verfassungsrechtliches Gebot dazu, ein Familienwahlrecht einzuführen. Da jedoch die in Art. 20 sowie in Art. 79 III GG auf ewig verankerten Demokratieprinzipien durch ein Familienwahlrecht jedoch nach teilweise herrschender Meinung nicht verletzt werden würden[21], wäre ein entsprechender

---

[16] *Haug*, Öffentliches Recht, S. 81.
[17] *Otto*, JSE 2015, 246 Abs. 3.
[18] *Otto*, JSE 2015, 246 Abs. 4.
[19] BVerfG DÖV, 445.
[20] *Otto*, JSE 2015, 247 Abs. 5.
[21] *Otto*, JSE 2015, 248.

Antrag in den Bundestag jedoch nicht von vornherein zum Scheitern verurteilt.

C. Fazit

Die abstrakte Normenkontrolle hätte durchaus Aussicht auf Erfolg, da sie zulässig und begründet wäre. Dementsprechend würde das Bundesverfassungsgericht die entsprechende Einführung des Familienwahlrechts bzw. des Bundeswahl-Änderungsgesetzes für nichtig erklären.

Frage 2: Kann sich die A-Partei mit ihrem Anliegen an das Bundesverfassungsgericht wenden?

Auf den ersten Blick ergeben sich für die A-Partei als nicht im Bundestag vertretene politische Fraktion zwei Verfahren, mit denen sie vor dem Bundesverfassungsgericht ihre Rechte geltend machen könnte: Das Organstreitverfahren oder die Verfassungsbeschwerde. Der besseren Übersicht wegen werden die Zulässigkeitsbedingungen beider Verfahren getrennt untersucht werden.

A. Zulässigkeit Organstreit

I. Parteifähigkeit

Die Parteifähigkeit ist für das Organstreitverfahren sowohl in Art. 93 I Nr. 1 GG sowie in § 63 BVerfGG geregelt. Nach Auslegung letztgenannter Norm fällt die A-Partei als „noch nicht im Parlament vertretene" Partei nicht unter einen zulässigen Antragssteller. Allerdings wird diese Zulässigkeitsvoraussetzung in Art. 93 I Nr. 1 GG unter dem Begriff „andere Beteiligte" etwas weiter gestreut. Hier reicht es der A-Partei aus, eine politische Partei an sich zu sein, sofern sie sich in ihrem Recht auf Chancengleichheit, welches aus Artikel 21 I GG hervorgeht (siehe hierzu II. Streitgegenstand), verletzt sieht[22]. Ergo wäre eine valide Parteifähigkeit des Antragsstellers gegeben. Da es sich beim Organstreit jedoch um ein kontradiktorisches Verfahren handelt, muss auch der Antragsgegner parteifähig sein. Wie bereits in der formellen Verfassungsmäßigkeit in Aufgabe 1 festgestellt (siehe oben), ist dem Bundestag und dem Bundespräsidenten ein nicht verfassungskonformes Agieren bei der Gesetzgebung vorzuwerfen, dem Bundesrat zumindest ein unnötiges. Da der Bundestag bei der Gesetzgebung jedoch die wichtigste Rolle spielt (Fußnote Haug), müsste sich die A-Partei in

---

[22] *Von Coelln*, in: Gröpl, von Coelln, Windthorst, GG, Art. 93 S. 713 Rn. 18.

einem möglichen Organstreitverfahren gegen das Parlament richten. Dieses wäre dann als oberstes Bundesorgan auch im Sinne von Art. 93 I Nr. 1 GG parteifähig.

II. Streitgegenstand

Die A-Partei sieht laut Sachverhalt die „Chancengleichheit im politischen Wettbewerb als nicht gewahrt" an. Diese ergibt sich implizit aus Art. 21 I GG. Die Parteien müssen - um ihren politischen Mitwirkungsauftrag zu erfüllen - gleiche Chancen haben, gewählt oder zumindest gehört zu werden[23]. Der Staat darf diese Unterschiede durch sein Handeln jedoch nicht noch zusätzlich verschärfen[24], was er im Falle der Einführung eines Familienwahlrechts jedoch in gravierender Weise zuungunsten der A-Partei tun würde. Dementsprechend sind staatliche Maßnahmen, die die Freiheit und Chancengleichheit im Parteienwettbewerb beschränken oder gar unterbinden, grundsätzlich unzulässig[25]. Damit ist ein tauglicher Streitgegenstand gegeben.

III. Antragsbefugnis

Im Sinne des § 64 I BVerfGG besteht zumindest die Möglichkeit, dass der Antragssteller in seinen eigenen Rechten gefährdet ist. Damit ist die A-Partei auch antragsbefugt.

IV. Ergebnis

Ein mögliches Organstreitverfahren wäre zulässig.

B. Zulässigkeit Verfassungsbeschwerde

Nach der Aufgabenstellung sind bei einer möglichen Verfassungsbeschwerde die Punkte Prozessfähigkeit, Form, Frist, allgemeine Subsidiarität und Rechtsschutzbedürfnis zu vernachlässigen. Es müssen daher lediglich die Beteiligtenfähigkeit, Beschwerdebefugnis und der Beschwerdegegenstand geprüft werden. Der Ablauf einer Verfassungsbeschwerde ist in §§ 13 Nr. 8a, 90ff. festgelegt.

I. Beteiligtenfähigkeit

Gemäß Art. 93 I Nr. 4a GG und § 90 I BVerfGG muss der Antragssteller auch ein Träger des angeblich verletzten Grundrechts sein. Dies könnte auf die A-Partei zutreffen, sofern die Grundrechte in ihrem Wesen nach auch auf eine Partei anwendbar wären[26]. In Betracht käme, dass Parteien gemäß Art. 19 III GG als inländische juristische Personen Grundrechtsträger sein können. Die herrschende Meinung ist der Ansicht, dass auch teilrechtsfähige

---

[23] *Von Coelln*, in: Gröpl, von Coelln, Windthorst, GG, Art. 21 S. 372 Rn. 28.

[24] *Von Coelln*, in: Gröpl, von Coelln, Windthorst, GG, Art. 21 S. 372 Rn. 29.

[25] *Maunz*, in Maunz, Dürig: Grundgesetz, Art. 21 Rn. 242.

[26] Vgl. *Pieroth/Schlink*, Grundrechte, Rn. 146 f.

Personenvereinigungen wie eben politische Parteien (vgl. § 3 PartG) unter den Begriff der juristischen Person fallen[27]. Da die A-Partei in Deutschland tätig ist, ist sie demzufolge auch im Inland tätig. Somit wäre die A-Partei beteiligtenfähig.

II. Beschwerdegegenstand

Da die A-Partei gegen die gesetzliche Neuregelung des Wahlrechts vorgehen möchte, lehnt sie sich gegen einen Legislativakt der öffentlichen Gewalt auf. Demnach wäre nach § 90 I BVerfGG ein korrekter Beschwerdegegenstand gegeben.

III. Beschwerdebefugnis

Die A-Partei müsste behaupten können, durch die Änderungen des Bundeswahlgesetzes in ihren Grundrechten verletzt zu sein. Laut Sachverhalt sieht die A-Partei ihr Recht auf Chancengleichheit im politischen Wettbewerb gefährdet. Dieses wird aber weitestgehend aus Art. 21 I GG hergeleitet[28] und ist damit kein Grundrecht. Es bleiben zwei weitere Grundrechte, auf die sich die A-Partei in einer Verfassungsbeschwerde berufen könnte: Der Gleichheitsgrundsatz aus Art. 3 I GG sowie die Wahlgrundsätze in Art. 38 GG. Ersterer scheidet aber aus, weil sich juristische Personen des öffentlichen Rechts, welche die A-Partei ja ist (siehe hierzu I. Beteiligtenfähigkeit), nicht auf das Willkürverbot des Staates, welcher durch die Änderung des Bundeswahlgesetzes eine Verschlechterung der Chancengleichheit herbeiführen würde (vgl. *Organstreit*, II. Streitgegenstand), berufen kann[29].

Ferner käme Art. 38 GG als möglicherweise verletztes Grundrecht in Betracht. Die Wahlrechtsgrundsätze, die durch die bevorstehende Einführung eines Familienwahlrechts in gravierendem Maße geändert werden würden, stellen ein subjektives, grundrechtsgleiches Recht dar, für das die Parteien einen individuellen Anspruch auf Einhaltung haben und welches sie notfalls auch vor dem Bundesverfassungsgericht durchsetzen können[30].

Damit wäre ausschließlich eine Beschwerdebefugnis gegeben, wenn sich die A-Partei bei einer Verfassungsbeschwerde auf den Art. 38 GG berufen würde.

Die A-Partei ist selbst, gegenwärtig und unmittelbar betroffen.

IV. Ergebnis

Damit wäre eine Verfassungsbeschwerde in diesem Fall grundsätzlich zulässig.

---

[27] *Windthorst*, in: Gröpl, von Coelln, Windthorst, GG, Art. 19 S. 302 Rn. 46.
[28] *Von Coelln*, in: Gröpl, von Coelln, Windthorst, GG, Art. 21 S. 372 Rn. 29.
[29] *Gröpl*, in: Gröpl, von Coelln, Windthorst, GG, Art. 3 S. 94 Rn. 24.
[30] *Von Coelln*, in: Gröpl, von Coelln, Windthorst, GG, Art. 38 S. 482 Rn. 482.

C. Fazit

Beide Verfahren wären zulässig, jedoch hätte nur ein Organstreitverfahren wirkliche Aussicht auf Erfolg. Denn die A-Partei, die durch das neue Familienwahlrecht einen Nachteil im politischen Wettbewerb für sich sieht, kann ihre Chancengleichheit am ehesten über Art. 21 I GG einklagen. Denn diese Norm ist nach Ansicht des Bundesverfassungsgerichts in Verbindung mit dem demokratischen Prinzip aus Art. 20 I und II, 28 I und II GG der verfassungsrechtliche Ort für die Chancengleichheit von Parteien[31]. Da dieses aber kein Grundrecht ist, wäre eine Verfassungsbeschwerde in praxi jedoch kein geeignetes Mittel, um die Chancengleichheit vor dem Bundesverfassungsgericht einzuklagen. Dies würde nur über einen Organstreit funktionieren, der die gängige Verfahrensart vor dem Bundesverfassungsgericht darstellt. Letztlich würde sich dann in der Begründetheit beim Organstreit zeigen, ob die beanstandete Maßnahme gegen eine konkrete Bestimmung des Grundgesetzes verstoßen würde.

---

[31] *Maunz,* in: Maunz, Dürig, GG, Art. 21 S. 143 Rn. 304.

Literaturverzeichnis

Deutsche Presse-Agentur: Durchschnittsalter jetzt 44 Jahre, in: Frankfurter Allgemeine Zeitung vom 08.12.2015 (abgerufen am 06.02.2016 von http://www.faz.net/aktuell/wirtschaft/bundesinstitut-fuer-bevoelkerungsforschung-durchschnittsalter-in-deutschland-jetzt-44-jahre-13955037.html)

Gröpl, Christoph; von Coelln, Christian; Windthorst, Kay: Grundgesetz: Studienkommentar, Köln 2013.

Haug, Volker: Öffentliches Recht für den Bachelor, Heidelberg 2014.

Maunz, Theodor, Dürig, Günter: Grundgesetz: Kommentar, München, 2013. *Meier, Hermann*: Die Mehrheit, Zur Geschäftsordnung 2011, 157 ff.

Otto, Patrick Christian: Einfachgesetzliche und verfassungsrechtliche Grenzen der Einführung eines Familienwahlrechts, Jura Studium und Examen (JSE) 2015, 245 ff.

Pieroth, Bodo; Schlink, Bernhard: Grundrechte, Heidelberg 2010

Quintern, Hanna: Das Familienwahlrecht: Ein Beitrag zu verfassungsrechtlichen Diskussion, Köln 2009

Statistisches Bundesamt. "Anzahl der minderjährigen Kinder in Familien in Deutschland von 2000 bis 2014 (in 1.000).". (abgerufen am 02.02.2016 von <http://de.statista.com/statistik/daten/studie/197783/umfrage/minderjaehrige-kinder-in-deutschland/>)

Statistisches Bundesamt. „Bevölkerung - Entwicklung der Einwohnerzahl von Deutschland von 1990 bis 2014 (in Millionen)." (abgerufen am 02.02.2016 von <http://de.statista.com/statistik/daten/studie/2861/umfrage/entwicklung-der-gesamtbevoelkerung-deutschlands/>)

BEI GRIN MACHT SICH IHR WISSEN BEZAHLT

- Wir veröffentlichen Ihre Hausarbeit, Bachelor- und Masterarbeit

- Ihr eigenes eBook und Buch - weltweit in allen wichtigen Shops

- Verdienen Sie an jedem Verkauf

Jetzt bei www.GRIN.com hochladen und kostenlos publizieren